DROIT PENAL

La responsabilité
pénale multiple

TABLE DES MATIERES

INTRODUCTION

Pour introduire, la responsabilité pénale est l'obligation de répondre des infractions commises et de subir la peine prévue par le texte qui lès réprime. Contrairement, à la responsabilité civile qui est l'obligation de répondre du dommage que l'on a causé, en le réparant en nature ou par équivalent, par le versement des dommages et intérêts. Mais il faut souligner que même le code pénal de 1810, ne donne aucune véritable définition de cette responsabilité pénale, mais ce sont les dispositions de l'article 121-1 du nouveau code pénal Français qui posent le principe fondamental définissant cette responsabilité pénale, qui nous dit que : »Nul n'est responsable pénalement que de son propre fait ». Cela évoque, que la répression ne doit s'exercer que vis-à-vis des personnes responsables et que les hommes sont responsables de leurs actes, mais en principes seulement de leurs actes. De ce fait,par l'application du principe de la responsabilité pénale personnelle, donc, aucune sanction pénale ne peut être infligée à qui que ce soit, tant qu'il ou elle ne soit reconnue pénalement responsable, c'est-à-dire qu'un fait n'engage que la responsabilité de celui qui a commis de l'infraction pénale.

Mais toujours est-il, que par exception, une responsabilité pénale du fait d'autrui, a été instituée pourvue qu'une personne peut se rendre pénalement responsable d'un fait qui n'est pas légalement le sien. En outre, concernant le fondement du droit de punir, quelques auteurs pénalistes expliquaient la source, ou l'origine même de cette notion de responsabilité pénale à travers la signification du droit pénal général, voir même celle du droit criminel. Selon, Merle : « le droit pénal général est la branche du droit criminel qui a pour objet la théorie général de la responsabilité pénale ». Et, d'après LABORDE : « le droit criminel est l'ensemble des règles qui organisent le droit de punir »

Cependant, il faut remarquer qu'une responsabilité pénale ne peut qu'être personnelle, mais aussi multiple, car il arrive qu'un même individu ait commis plusieurs infractions et non une seule et un même fait ou acte antisocial, et ce non séparée par une condamnation pénale définitive. Dans ce cas, on se trouve en concours réel d'infraction. Ce qui veut dire donc, que la responsabilité pénale multiple soussignée ici est rattachée directement à la pluralité ou la multiplicité des infractions commises ou au nombre des actes commis par l'agent ,non à la pluralité des agents impliqués dans la commission d'une seule, ou d'une série d'infractions tel est le cas, des différents rôles joués par l'auteur principal ,le co-auteur, complice, voire même le comparse, dans la complicité.

Sur ce, ce qui nous amène à étudier de plus près le sujet, car ce qui nous intéresse et nous pose problème ici, est la mise en exergue du caractère multiple d'une responsabilité pénale. D'où le problème qui se pose est donc de savoir, d'une part, dans quelles mesures une responsabilité pénale acquiert un caractère multiple, et d'autre part, comment mettre en jeu la responsabilité pénale multiple d'un individu, ou plus précisément, comment réprimer à la fois plusieurs actes antisociaux commis par un même agent ? Pour y répondre, voyons en première partie ,le caractère multiple d'une responsabilité pénale (I). Et analysons, en seconde partie, les conditions de mise en œuvre d'une responsabilité pénale multiple (II).

PARTIE I : LE CARACTERE MULTIPLE D'UNE RESPONSABILITE PENALE

CHAPITRE I : LE CONCOURS DE QUALIFICATION EN CAS D'INFRACTIONS MULTIPLES

A chaque acte accompli par le délinquant correspond une qualification donnée. De ce fait, la correspondance entre le nombre de qualifications retenues et le nombre d'actes accomplis par l'agent suscite avant tout d'aborder, l'opération de qualification (Section 1), pour passer ensuite à l'étude des concours des qualifications (Section 2)

Section 1 : L'opération de qualification

Il est nécessaire d'abord de voir quelques définitions des notions essentielles (Paragraphe 1), pour discuter ensuite du moment de qualification (Paragraphe 2)

Paragraphe 1 : Quelques définitions des notions essentielles

Premièrement, il est important de définir ce qu'est l'incrimination. Pour la définir légalement, ce sont des actes répréhensibles que constituent dans les faits, les infractions. Deuxièmement, la qualification des faits qui se définissent comme, ou plusieurs textes sont en concours, une opération par laquelle le juge détermine les textes d'incriminations, abstraits, qui doivent s'appliquer à la situation concrète qu'il apprécie. Sur ce, la qualification est donc : « la confrontation rigoureuse des faits poursuivis avec les divers types de faits incriminés par la législation pénale »,ce, selon les propos avancés par Merle et Vitu. Pour ce faire, le juge établit un catalogue des qualifications susceptibles de s'appliquer, et procède par suite, par élimination pour choisir l'incrimination adéquate, exemple : pour l'acte de tuer, le juge choisit, parmi les qualifications d'assassinat, meurtre et homicide involontaire, celle qui répond donc à l'espèce.

Paragraphe 2 : Le moment de la qualification

Tout d'abord, la qualification doit se faire, quel que soit l'organe juridictionnel saisi, et il faut se placer au jour de l'action et cela pour chacun des éléments constitutifs de l'infraction.

De plus, l'opération de qualification est fondamentale et se répète tout au long de la procédure.

Une qualification nécessaire suscite différentes procédures tant au niveau d'instruction, qu'au niveau du jugement. Au niveau de l'instruction, le magistrat instructeur est saisi « in rem », (quant à la chose, ou à l'acte matériel), ce par le parquet, c'est-à-dire qu'il est chargé d'instruire sur un fait matériel donné. De son côté, la chambre d'instruction, saisie in rem et in personam (quant à la personne), n'est pas liée par la qualification retenue par le juge d'instruction. Au niveau du jugement, les juridictions sont saisies "in rem et in personam". Elles ne peuvent statuer que sur les faits portés devant elles et contre les personnes qui leur sont déférées. Ensuite, la qualification déterminée au moment de l'action, était déduite de la lecture de l'ancien article 64 du Code pénal, même si la situation juridique s'était modifiée par la suite en faveur de l'agent (ex : Le vendeur impayé qui reprend frauduleusement sa chose, reste coupable de vol, même si le contrat est par la suite résolu) .Il y a, a-t-on dit, (Pradel), une sorte de "cristallisation de la qualification ou moment des faits". Enfin de qualification s'opère de façon autonome. Les définitions extra pénales ne sont pas donc prises en compte par le juge répressif.

Soulignons juste, qu'au cours de la procédure, il arrive fréquemment que la qualification doive être changée. La juridiction doit la modifier dans les limites de sa compétence. Il en résulte que si la qualification nouvelle est de la compétence d'une juridiction plus élevée, la juridiction saisie doit se déclarer incompétente.

Dans l'hypothèse inverse, le tribunal correctionnel reste compétent même si les parties demandent le renvoi devant le tribunal de police. La Cour criminelle (ou Cour d'assise en France), demeure toujours compétente en raison de sa plénitude de juridiction.

Le droit Français, connaît cependant quelques exceptions aux changements de qualification. La loi française du 1er Août

1905, en matière de fraudes, dispose que : "toute poursuite exercée en vertu de la présente loi devra être continuée et terminée en vertu des mêmes textes" (article 8). De ce fait, la jurisprudence en déduit qu'on ne peut substituer à une qualification prévue par la loi de 1905, une qualification extérieure à cette loi. D'ou, à l'occasion, de « l'affaire du sang contaminé », la chambre criminelle a jugé qu'il était impossible à une juridiction du fond de requalifier un délit de tromperie en empoisonnement.

De son côté, la loi française du 29 Juillet 1881 sur la presse décidant que l'acte qui met en mouvement les poursuites doit articuler et qualifier les faits incriminés (article 50), la Cour de cassation a précisé que les juridictions répressives ne peuvent ni permuter deux qualifications visées par cette loi, ni substituer à une qualification de droit commun, à une qualification prévue par la loi de 1881, l'inverse demeurant possible.

En effet, une fois que la décision a acquis l'autorité de la chose jugée, la qualification des faits devient irrévocable. Il n'est plus possible de poursuivre les mêmes faits sous une qualification différente (le respect du principe : « non bis in idem »).

Pour conclure, donc, en principe, pour un acte donné, le juge ne retient qu'une qualification et l'auteur de l'acte n'avait commis qu'une infraction.

Section 2 : Les concours de qualification

Dans un premier temps, il semble que plusieurs textes d'incrimination sont applicables à l'acte considéré. Mais en général, pour résoudre ces conflits de qualifications, le juge est confronté soit à des qualifications incompatibles (Paragraphe 1) soit à des qualifications alternatives (Paragraphe 2).

Paragraphe 1 : Les qualifications incompatibles

C'est l'hypothèse dans laquelle une infraction objectivement imputable à l'agent est la conséquence logique d'une première infraction. De ce fait, deux qualifications sont incompatibles lorsque l'une est la conséquence de l'autre. Sur ce, deux situations ont été rencontrées en jurisprudence, telles que le cas du recel consécutif au vol, et l'abstention de porter secours consécutive aux coups et blessures volontaires.

A première vue, la deuxième infraction est en quelque sorte incluse dans la première. Sur ce, la jurisprudence a aussi affirmé qu'on ne pouvait poursuivre à la fois pour vol (art 311-1 du code pénal Français), et pour recel (article 321-1 du code pénale Français,), celui qui s'est approprié frauduleusement la chose d'autrui et a voulu la garder pour son propre usage. De plus lorsqu'une personne porte volontairement des coups à un tiers, la jurisprudence a considéré qu'on ne pouvait lui reprocher de ne pas avoir secouru sa victime et de s'être ainsi rendue coupable d'omission de porter secours (art 223-6 du C. Pénal Français). Sur ce, la doctrine et la jurisprudence s'accordent pour exclure cette compatibilité dans l'hypothèse de coups et blessures ayant entraîné la mort sans intention de la donner et de refus de porter secours.

Sur un plan intellectuel plus général, cette incompatibilité ne se justifie pas. Merle et Vitu observaient que l'ancien article 63 du code pénal ne fait aucune distinction selon l'origine du péril éprouvé par la personne en danger et qu'on ne voit pas pourquoi le délit d'omission de porter secours ne serait pas reproché à l'auteur de coups et blessures volontaires. En revanche si, les éléments matériels et moraux des deux infractions étaient différents, le juge pourrait retenir les deux délits par exemple en : violation de sépulture, et tentative de vol.

Paragraphe 2 : Les qualifications alternatives

Les qualifications en concours sont alternatives lorsqu'un fait considéré est qualifié différemment suivant la gravité de la faute commise. L'exemple classique est celui des différentes incriminations pouvant qualifier le fait de tuer, suivant l'intention animant son auteur, il s'agit d'un assassinat (volonté de tuer avec préméditation), d'un meurtre (volonté de tuer, mais sans préméditation), ou d'un homicide involontaire (volonté d'accomplir l'acte à l'origine de la mort, mais non de donner la mort). Sur ce si l'agent a été relaxé sur la base d'une qualification déterminée, le Parquet peut-il à nouveau reprendre des poursuites sur la base d'un autre texte .Les auteurs répondent par la négative, au motif que la juridiction de jugement avait l'obligation d'examiner les faits sous toutes les qualifications qu'il était susceptible de revêtir. En outre La jurisprudence, elle, adopte plutôt une position plus nuancée ; tant en matière criminelle que correctionnelle et de police. En matière criminelle, « aucune personne acquittée légalement ne peut être reprise ou accusée à raison des mêmes faits sous une qualification différente », (art 368 C. Pr. Pénal.). Mais, en matière correctionnelle et de police, la chambre criminelle consacre une autre solution, en jugeant qu'un individu condamné pour homicide involontaire peut être poursuivi à nouveau pour homicide volontaire lorsqu'il résulte des circonstances de fait révélées postérieurement à la décision correctionnelle , que la mort de la victime a été la conséquence d'un acte intentionnel de son auteur, espèce dans laquelle, après une condamnation pour homicide par imprudence de son épouse, le condamné a été de nouveau poursuivi et condamné pour assassinat de la même personne. Il n'est pas étonnant que dans « l'affaire du sang contaminé », le docteur

Allain, déjà condamné pour fraude dans la vente (loi 1er Août 1905), ait pu faire l'objet d'une mise en examen pour empoisonnement. Il ne s'agit pas du même fait mais de deux faits différents qui se distinguent par leur élément moral. Une solution de même ordre est consacrée par la jurisprudence dans l'hypothèse de qualifications concurrentes.

CHAPITRE 2 : L'ANALYSE DES INFRACTIONS MULTIPLES EN CONCOURS

Il est à distinguer, le concours réel d'infractions, du concours de qualification. En effet, il suffit pour cela d'envisager les faits. Lorsque plusieurs infractions, distinctes ne sont pas séparées les unes des autres par une condamnation définitive, il y a concours ou cumul, réel ou matériel d'infractions (section 1).En revanche, lorsqu'un seul et même fait, ou une seule et même unité de faits tombe sous le coup de diverses qualifications, il y a concours de qualification, ou plus précisément concours ou cumul idéal d'infractions (section 2).

Section 1 : Le concours ou cumul réel d'infractions

De prime abord, voyons avant tout la notion du concours ou cumul réel d'infractions (Paragraphe 1), pour examiner ensuite, les hypothèses de qualification en concours ou cumul réel d'infractions (Paragraphe 2)

Paragraphe 1 :   La notion du concours ou cumul réel d'infractions

 Dans le cas d'une récidive ; le délinquant comment une nouvelle infraction alors qu'il a déjà été condamné irrévocablement pour une infraction antérieure. Mais la récidive n'est pas la seule situation caractéristique d'infractions plurales ayant le même auteur. Il arrive souvent que deux ou plusieurs infractions ne soient pas séparées les unes des autres par une condamnation définitive. En d'autres termes, deux infractions sont en concours réel, lorsqu'elles ne sont pas séparées par une condamnation définitive, ce ayant une force de chose jugée. Ceci a été affirmée même par les dispositions de l'article 132-2 du C .pén. Français, selon lesquelles : "Il y a concours d'infractions, lorsqu'une infraction est commise par une personne avant que celle-ci ait été définitivement condamnée pour une autre infraction".
De ce fait, le concours réel d'infractions implique tant un non-cumul des peines,

qu'une pluralité des faits que ce soit divisible ou indivisibles.

Pour illustrer, les faits divisibles s'expliquent à travers deux faits, la première, est lorsque, après la soustraction d'une lettre adressé à un notaire, il a été procédé, en un second temps, à sa destruction, donc il y a lieu d'examiner, si ce second geste tombe éventuellement sous le coup de l'art 439 du C.Pén, (nouvel art 322-2 al 1er ,20), alors que l'on se trouve en présence, non d'un cumul idéal d'infractions, mais des faits successifs pour lesquels, il échait d'appliquer, le cas échéant ,le principe du non-cumul des peines (Paris, 9 Février 1974 ,Dalloz, 1974, Somm . 40). La seconde, peuvent être cumulés le délit d'obtention de services non rétrubués (C.Pén. art 225 13) et le délit de soumission à des conditions de travail et d'hébergement incompatibles avec la dignité humaine (art. 225 14 C.Pén. et Crim .30 Mai 2006, Droit pénal 2006 ,p.117, obs. Veron).

Pour les faits indivisibles, ils s'illustrent dans le cas où par exemple, lorsque le conducteur d'un véhicule occasionne par son imprudence des blessures à plusieurs personnes, une sanction doit être prononcée dans ce cas, quelle que soit la durée de l'incapacité de travail, (Crim, 13 Nov 1962, Bull Crim n°136). De plus, une question unique sur des actes répétés de viols (ou d'agressions sexuelles), sur la même personne peut être posée, lorsqu'ils ont été accomplis dans les mêmes conditions et entraînent les mêmes conséquences pénales, (Crim 17 Juin 1964, Bull crim . n° 203)

Paragraphe 2 :   Les hypothèses de qualification en concours ou cumul idéal d'infractions

 Par application du principe de l'ancien article 5 du code pénal, différents systèmes sont envisageables pour sanctionner une activité délictueuse multiple dans laquelle ne s'insère aucune condamnation devenue définitive. Dans ce cas ,il y a d'abord le cumul pur et simple de peines ,qui consiste à prononcer et à faire exécuter autant de peines que d'infractions commises. En vigueur dans les droits anglosaxons, cette solution présente deux inconvénients. Elle aboutit à des condamnations gigantesques et elle soulève des difficultés pratiques lorsqu'il s'agit d'exécuter des peines de nature différente (réclusion et peine capitale par exemple). Ensuite, il y a cumul juridique, connus notamment par le droit allemand, italien et suisse.

Dans ce cas, le concours d'infractions joue le rôle d'une circonstance aggravante, et une seule peine sera prononcée, afférente au fait le plus grave, mais elle sera élevée d'un degré dans l'échelle répressive. Par application, du cumul juridique des peines, il ne sera appliquer au délinquant que la plus forte peine encourue rattachée à l'infraction la plus grave et cette peine sera aggravée en fonction du nombre et de la gravité des autres infractions. Une autre solution consiste à assimiler le concours réel d'infraction à l'infraction unique et le délinquant exécutera alors seulement la peine la plus forte prévue par l'infraction la plus grave. C'est le principe du non cumul des peines, principe consacré à la fois par le droit malgache (Art 95 CPP) et le droit Français (Ancien article 5 du C. pén. Français). Sur ce, les autres infractions commises par le même individu, ce en concours réel figureront dans son casier judiciaire et seront à la fois constatées.

Section 2 : Le concours cumul idéal d'infractions

Adoptons le même plan que ce du concours ou cumul réel d'infractions, où dans le premier paragraphe, on va voir, la notion du concours ou cumul idéal d'infractions (Paragraphe 1),et dans le second paragraphe, examinons les hypothèses de qualification en concours ou cumul idéal d'infractions (Paragraphe 2).

Paragraphe 1 :   La notion du concours ou cumul idéal d'infractions

La situation doit être clairement circonscrite ; on suppose qu'une même action ,en tous ses éléments,   matériel comme moral, soit réprimée par plusieurs textes on parle alors généralement de concours ou de cumul idéal d'infractions. Au nom du purisme, certaines auteurs ont critiqué cette terminologie impliquant la pluralité d'infractions, elle préjugerait de la solution du problème, si bien que reviennent de plus en plus souvent d'autres expressions : concours et cumul de qualifications.

Ce concours ou cumul idéal en question n'est que formel et hypothétique, car la fiction ne saurait être confondue avec la réalité. L'exemple archiclassique de concours idéal est celui du viol commis dans un lieu public, le même fait réalisant simultanément un viol et un outrage public à la pudeur. Pour la Cour de cassation, le concours idéal ne peut donner lieu à une double déclaration de culpabilité.

L'arrêt qui semble être le premier à avoir statué sur cette question date la fin du XIX siècle (Crim, 2 Avril, 1897, B. n°123). En l'espèce, l'activité délictueuse du prévenu consistant à la fois en une exercice illégale de la médecine et en une escroquerie, l'intéressé escroquant ses clients en usurpant la qualité et l'activité de médecin.

On rencontre aussi ce rejet de double déclaration de culpabilité dans d'autres arrêts tels que, l'arrêt de la Chambre criminelle de la cour de cassation Française rendu le 03 mars 1960 dénommé Ben Haddadi, mais aussi l'arrêt rendue le 27 mars , (Cass. Crim 27 mars 1968, Gaz. Pal. 1968 I 320, et Cass. Crim. 3 mars 1960, Bull. Crim n°138, p 286) ,(Voir annexes). De ce fait, le cumul idéal d'infraction, est une création purement jurisprudentielle, même si des courants doctrinaux émettent aussi ses avis sur cette notion. Pour la doctrine, la pluralité d'infractions ne résulte pas d'un acte unique et d'une réalisation simultanée mais bien de plusieurs actions successives sans l'intervention de condamnations, exemple : cas de la personne qui commet successivement un vol, un trafic de stupéfiant, puis se rend complice de blanchiment de fonds illicites et qui, jusque-là n'a pas été condamnée.

Paragraphe 2 : Les hypothèses de qualification en cumul ou en concours idéal d'infractions

Pour être qualifié d'un concours ou d'un cumul idéal d'infractions, il faut, d'une part, un fait matériel unique qui contrevient à plusieurs textes, c'est l'exemple classique du viol commis en public, soit un fait qui provoque des préjudices chez plusieurs personnes, exemple de l'accident qui blesse un individu en tue un autre.
Et d'autre part, il faut que l'agent ait accompli plusieurs faits matériels qui se fondent par une unité réciproque, ainsi l'acte constituant

une infraction d'une part et la circonstance aggravante d'autre part, comme par exemple : une violation de domicile aggrave un vol, mais le permet ou encore l'acte constitue une infraction d'une part et un élément constitutif d'une seconde, comme par exemple l'usage de faux est un élément de l'escroquerie , ou enfin lorsqu'un acte est commis afin de permettre la réalisation d'un autre. De ce fait, la jurisprudence en l'absence de textes règle la difficulté, en distinguant suivant l'état d'esprit de l'agent, c'est-à-dire selon qu'il a entendu, commettre une seule infraction ou plusieurs dans l'hypothèse d'une infraction intentionnelle, ou selon qu'il a porté atteinte à une seule valeur sociale ou à plusieurs dans le cas d'une infraction non intentionnelle. C'est l'application des arrêts fondamentaux : (GADPG, 4eme édition, n°19, p. 239), (Ben Haddadi ,Cass. crim ; 3mars 1960, RSC 1961, p 105, obs. LEGAL), et (Desbiolles ,Cass.crim, 16 Juin 1965, RSC 1965, p 871, obs.LEGAL)

Sur ce, Lorsque plusieurs qualifications pénales sont applicables à une activité matérielle unique, la solution de ce conflit dépend de la pluralité ou de l'unité des valeurs sociales protégées. Dans le premier cas, qui peut être révélée par une pluralité d'éléments moraux, on retiendra toutes les qualifications. Dans le second cas, un choix devra être fait parmi les qualifications en concours. Et lors de ces choix, on retient la plus haute expression pénale (C.A Bordeaux, 5 mars 1992, D. 1994, Jur . p 305) ou la qualification spéciale par rapport à la générale (CA Paris, 18 Février 1960, D 1960, Jur p 285) ; ou le juge fait application de la maxime "Specialia generalibusderogant", que n'exprime aucun texte, mais que la pratique et le bon sens consacrent depuis longtemps. Et ou si la loi édicte une disposition spéciale, c'est pour déroger à la disposition général e ,par exemple, la violation de domicile commise par un individu quelconque est générale (Art 226-4 C. pén. Fr). Celle commise par un dépositaire de l'autorité publique, elle est spéciale (Art 432-8 C pén). Enfin, donc, la décision de retenir deux qualifications doit être confirmée avec plus de poids puisque la CEDH (CEDH 30 Juillet 1998, JCP 1999. I N° 105) et le conseil constitutionnel (DC 12 Janvier 2001, RSC 2002) se sont prononcés sans la remettre en cause dès lorsque la peine prononcée n'excède pas le maximum le plus élève.

Après voir vu le caractère multiple d'une responsabilité pénale, penchonsnous maintenant sur les conditions de mise en œuvre d'une responsabilité pénale multiple.

PARTIE II : LES CONDITIONS DE MISE EN ŒUVRE D'UNE RESPONSABILITE PENALE MULTIPLE

CHAPITRE 1 : LE RESPECT DE LA REGLE DU NON-CUMUL DES PEINES

Pour mieux exalter, la règle du non-cumul des peines, voyons avant tout, la signification et le domaine de la règle du non-cumul des peines (Section 1), puis étudions la technique d'application de la règle du non-cumul (Section 2)

Section 1 : La signification et le domaine de la règle du non-cumul des peines

Primo, établissons la signification de la règle du non-cumul des peines (Paragraphe 1). Secundo, voyons le domaine d'application de la règle du non-cumul des peines (Paragraphe 2)

Paragraphe 1 : La signification de la règle du non-cumul des peines

La règle du non-cumul des peines signifie qu'en cas de pluralités d'infractions commises par le délinquant et ce, non séparée par une condamnation définitive, la peine la plus forte rattachée à l'infraction la plus grave commise. Pratiquement, le cumul est interdit par la loi quand la peine encourue lors de l'additionnement des peines les unes des autres dépasse la limite maximum légale encourue, exemple un individu condamné pour vol à deux ans d'emprisonnement, puis à deux ans pour escroquerie le cumul des peines est possible, puisqu'il est inférieur au maximum légal le plus élevé qui est celui de cinq ans pour l'escroquerie.

Si maintenant le vol a été sanctionné de deux ans et l'escroquerie de quatre ans, voulant se montrer sévères mais ne pouvant aller au-delà de cinq ans pour l'exécution, les juges durons pratiquer une conclusion partielle de la première peine dans la seconde. Contrairement, dans le cas de l'unité de poursuite, qui est la seule hypothèse pour laquelle a été manifestement conçu l'ancien article 5 C.pén.fr, (équivalent de l'Art 95 CPP), un premier problème épineux consiste en la détermination de la peine la plus forte, car on suppose ici des infractions commises quasi simultanément et donc poursuivies ensemble, ou encore des infractions commises successivement mais découvertes ou même moment et par conséquent jugées le même jour. Sur ce, on peut en effet songer à faire référence au maximum théorique le plus élevé porté par la loi ou à l'inverse se déterminer en fonction de l'infraction que les juges veulent sanctionner le plus sévèrement, qui n'est pas forcément, la plus grave au regard des peines fulminées par la loi. Un vieil arrêt (Crim, 8 oct, 1824, B n°133) cautionne cette deuxième analyse. Il énonce que "les peines doivent être appréciées quant à leur nature et quant à la durée, quant à leur nature, d'après la classification du code pénal ; quant à leur durée, d'après les circonstances aggravants ou atténuantes, qui ont accompagnées le crime ou le délit, ou d'après le nombre de ces crimes ou délits qui caractérisent la perversité plus ou moins opiniâtre de l'individu qui s'en est rendu coupable", (Crim, 24 Février 1943, B . n°18). Depuis, qu'en toute matière, le prononcé des inconstances atténuantes oblige uniquement les juges à ne pas infliger le maximum.

Paragraphe 2 : Le domaine d'application de la règle du non-cumul des peines

Tout d'abord, la règle du non-cumul s'applique devant toutes les juridictions de jugement, qu'elles soient de droit commun ou d'exception, mais elle est évidemment étrangère aux juridictions d'instruction (Crim, 27 Février 1990, B. n° 96). Par ailleurs, la réforme du code pénal prône également le cumul contraventionnel, sauf en cas d'emprisonnement pour contraventions de cinquième classe,(pour un exemple de concours entre délit et contraventions de cinquième classe ; crim, 26 Mai 1988, B n°227). Par contre, l'exclusion des contraventions de la règle du non-cumul joue d'ailleurs lorsque sont en concours réel non seulement des contraventions entres elles, mais aussi des contraventions avec des infractions plus graves, crimes ou délits.
L'hypothèse d'élection est celle de contravention à la police de la circulation causant blessures ou homicide ou blessures involontaires (Crim .30 Janvier 1937, S 1939, 1,p.193, note Légal, 19 avril,1956, B n° 323). Mais il y a d'autres exemples : ivresse

publique et manifeste et conduite en état d'ivresse (crim, 15 janvier 1958,B n° 60), contravention au code de la route et délit de conduite sous l'empire d'un état alcoolique (crim , 24 mars 1981, B n° 107) , délits prévus par la loi du 1ère aout 1905 sur les fraudes et contraventions connexes (crim, 5 février 1986,B n° 47), n'ayant pas valeur constitutionnelle (Cons, const, 30 juillet 1982, J.O. 31 juillet), la règle du non cumul connait plusieurs exceptions en matière criminelle ou correctionnelle. Il en va ainsi en cas de concours entre la rébellion commise par des détenues provisoires et l'infraction par laquelle ils sont détenus (art 220 C.P), ou entre l'évasion et l'infraction qui a motivé la détention (art 245C.P, v crim 4 juillet 1989, B n° 284 ; RSC 1990, 61, obs. Vitu). Il faut également préciser que la règle du non cumul ds peines ne s'applique pas aux peines complémentaires (procéder à l'addition des peines différentes),ni aux mesures des suretés (mesures essentiellement préventives). Mais dans la pratique, on admet le cumul des peines complémentaires et les mesures de suretés. Ce principe de non- cumul des peines en matière contraventionnelle est réitéré par le principe énoncé par l'article 95 CPP, qui dispose « qu'en cas de conviction de plusieurs crimes ou délits, la peine la plus forte est seule prononcée. », ce qui veut dire qu'il existe, dans ce cas une confusion de peine où les peines doivent se confondre les unes dans les autres de telle sorte qu'une seule soit prononcée et exécutée.

 L'exemple d'unité de poursuite en matière contraventionnelle est donné par l'arrêt de la Chambre criminelle de la Cour de cassation française (casscrim, 11 mai 2004, AJDP,2004, p 285, obs LEBLOISHAPPE),(voir annexes)

Section 2 :La technique d'application de la règle de non- cumul

 La technique d'application du principe de non- cumul s'opère de manière distinctive tant en cas de concours réel d'infractions (Paragraphe 1), qu'en cas de cumul idéal d'infractions (Paragraphe 2)

Paragraphe 1 : Le concours réel d'infraction qui suppose qu'une pluralité de textes soit violée par une pluralité de fait sans que soit intervenue une condamnation définitive (article 132- 2 C P. français)

Dans ce cas, il y a alors application d'un principe de non- cumul. Cependant celui –ci est appliqué différemment aux articles 132- 3 et 132 -4 C.P suivant qu'il y ait unité de procédure ou non. En premier lieu, il y alors en principe, une seule poursuite si les différentes infractions ont été découvertes en même temps et qu'il n'y a pas d'obstacle juridique à organiser une poursuite unique. «La juridiction peut alors prononcer toutes les peines », pourvue qu' elles ne soient pas de même nature, car dans ce cas elle n'en prononce qu'une seule, « de cette nature dans la limite du maximum légal le plus élevé » (article 132- 2 alinéa 1 CP).

Chaque peine étant d'ailleurs réputée commune aux infractions en concours dans la limite du maximum légal applicable à chacune d'entre elles ». (article 132- 3 alinéa 2 C .P)

En second lieu, en cas de pluralité de poursuites, il y a alors cumul plafonné car, « les peines prononcés s'exécutent cumulativement la limite du maximum légal le plus élevé », et une éventuelle confusion des peines de même nature est appliquée, si la dernière juridiction appelée à statuer l'ordonne ou bien dans les conditions de l'article 710 CPP Français. Dans ce cas, li ya lors fusion des peines au profit de la plus forte d'entre elles (art 132-4CP). Quoi qu'il en soit l'art 132-7 CP exclue expressément les contraventions de ce régime. Ainsi, le concours entre plusieurs contraventions oblige le juge à additionner les peines afférentes à chacune d'elles, même s'il s'agi t de contravention de 5e classe. D'autre part, le concours entre une contravention et un délit ou un crime contraint le juge à prononcer une peine pour le délit et une autre pour la contravention. Dans ce cas, il faut bien prendre garde, à ce qu'il y ait un véritable cumul d'infractions. Et non que ces différentes infractions procèdent d'un fait unique ou d'une unité de comportement ,(Cass. Crim ; 11 mai 2004, AJDP 2004, p 285, obs. LEBLOISHAPPE)

Paragraphe 2 : Le concours de qualification qui suppose une unité de comportement

Ce concours ou cumul idéal d'infractions, de ce fait, est soit apparent, car il peut y avoir, des qualifications incompatibles ou inconciliables

: c'est le cas par exemple lorsqu'une des infractions n'est que la suite naturelle de l'autre et que les deux sont commises par la même personne.

Ainsi celui qu'a frauduleusement soustrait un objet ne peut pas être convaincu de la receler. La jurisprudence admet alors que les qualifications sont exclusives l'une de l'autre (Cass.crim, 22 Juin 1948, Bull, n° 23), idem pour l'abus de confiance et le recel par exemple (Cass.crim, 2 décembre 1971, Bull n° 137). Mais aussi, des qualifications redondantes (générales et spéciales, larges et partielles), voire même, des qualifications alternatives. Ainsi, l'individu ayant causé la mort d'autrui ne peut être réprimée que du chef d'homicide volontaire ou que du chef d'homicide involontaire. Face à ces propos ,le juge constate une seule faute, qui entraîne une pluralité de déclarations de culpabilité. Par application du principe «un acte , une qualification, il aurait fallu ne retenir qu'une seule qualification et donc ne procéder qu'à une seule déclaration de culpabilité. La solution adoptée préserve au contraire le droit à réparation des victimes en sanctionnant spécifiquement l'infraction qui a généré leur préjudice, tout en, révélant une pluralité d'éléments moraux, et en portant atteinte à plusieurs valeurs socialement protégées (la solution donnée par l'arrêt : Cass. crim, 3 mars 1960 Ben Haddadi).

CHAPITRE 2 : L'EXCEPTION A LA REGLE DU NON-CUMUL DES PEINES

Contrairement au principe du non-cumul des peines, il est possible qu'un cumul des peines à travers le système d'imputation puisse s'effectuer (section 1), et que la confusion des peines puisse s'opérer, de façon à ne dépasser la limite du maximum légal encourue (section 2).

Section 1 : La possibilité d'un cumul des peines à travers le système d'imputation

Depuis fort longtemps, la chambre criminelle autorise les tribunaux à ordonner le cumul des peines prononcées dans la mesure où le maximum légal afférent à l'infraction la plus grave n'est pas dépassé (Crim. 4 Juin. 1836,S 1837, 1,39, 9 Oct. 1956, B n°617 ; 7 Juin 1983, B n°170, 26 Janv. 1988, B n°37).

Seulement, les conditions à respecter pour qu'il y ait ce cumul sont d'une part le respect de la limite du maximum légal le plus élevée, et d'autre part, les infractions en concours ne devraient pas l'une de l'autre donner lieu à une condamnation même non rendue définitive ,sinon l'on retombe sous le coup de le récidive où il y a une exécution séparée d'une peine afférente à chaque infraction commise exemple : la réclusion criminelle du crime A, rendu déjà définitive, peut être différente de la réclusion criminelle du crime B.

Section : 2 ; la confusion des peines :

La confusion des peines de rapproches aussi du cumul des peines ce par le biais du système d'imputation ou d'absorption. Sur ce voyons tout d'abord, le domaine d'application de la confusion des peines (Paragraphe 1), puis analysons ensuite l'étendue de la confusion des peines (Paragraphe 2)

Paragraphe 2 : Le domaine d'application de la confusion des peines

 Les diverses infractions peuvent d'abord avoir été sanctionnés des peines de nature différente, par exemple réclusion criminelle et emprisonnement. Dans ce cas, l'absorption de la peine la moins grave par la peine la plus grave est obligatoire pour que l'on soit en présence d'une confusion des peines. Cette solution est d'ailleurs imposée par le principe du non- cumul des peines. Il n'est d'ailleurs pas pensable d'envisager un cumul dans la limite de la peine la plus forte, puisqu'il est rationnellement impossible de réunir de la sorte dans l'exécution, deux sanctions différentes. Plusieurs cas sont donc envisageables dans l'application de cette confusion des peines.

Premièrement, dans le cas où les infractions sont découvertes en même temps, la juridiction saisie rendra pour l'ensemble des infractions une seule décision prononçant une seule peine, la peine la plus forte. Deuxièmement, dans le cas des poursuites simultanées, on applique les règles sur la connexité, vu que ces poursuites sont bloquées devant une juridiction unique.

Dans ce cas, la juridiction prononce une peine principale unique qui ne peut dépasser le maximum de l'infraction la plus grave retenue. Troisièmement, en cas de poursuites successives, on applique le principe de la confusion des peines plus faibles avec celle la plus forte, car, quand les unes étant découvertes après le jugement des autres, plusieurs décisions seront donc rendues successivement et ce prononçant des peines distinctes mais seule la peine la plus forte sera exécutée par la délinquant.

En outre, la deuxième peine ne se confondra avec la première peine que si la première condamnation n'a pas épuisé le maximum de la peine. Et que la seconde peine pourra être dans ce cas, supérieure à la première. Toujours est il que le cumul se distingue de la confusion, dans le fait, que pour le premier, la deuxième peine prononcée sera exécutée en plus de la précédente, or pour la confusion, l'exécution de la première s'impute juste sur la durée de la seconde, qui dit que la seconde peine pourra se voire être réduite dans son exécution. Le point de ralliement entre les deux est juste le non dépassement de la limite du maximum légale de celle prévue par l'infraction la plus grave. Enfin, pratiquement, la difficulté qui pourrait se régir, dans le cas où une peine ferme se confond avec une peine assortie de sursis.

Sur ce, en toute hypothèse, la peine ferme doit être exécutée. Et le temps d'exécution de la peine ferme ne s'imputera sur la durée de la peine assortie de sursis, qu'une seule condition, qu'est la révocation de la peine assortie de sursis, exemple : la peine de prison est de 1an , et la sursis 3 ans, un cas d'imputation de 1an sur les 3 ans révoqués, il faut terminer l'exécution des 2 ans restes.

Notons juste, que pour le droit français la confusion est facultative par principe, mais est de droit entre une peine de 8 ans d'emprisonnement prononcée en janvier 1995 par une Cour d'assises, pour des faits criminels commis en 1990 et celle d'un an d'emprisonnement infligée en avril 1995 à la même personne par un tribunal correctionnel pour de faits perpétrés en 1991,(Crim. 20Nov 1996 ; Bull crim. N°418 , RSC 1997. 631, obs Bouloc)

Paragraphe 2 : L'étendue de la confusion des peines

 Pour le droit français, la confusion des piscines, qui est une faculté pour les juridictions répressives françaises, ne constitue pas une règle d'ordre public applicable au droit de l'extradition, (C.E 15

Juin 2001 ; D ; 2001 IR 2724). Concernant, le contentieux de la confusion, des peines. Si un tribunal a déjà condamné un délinquant, sans savoir que l'infraction qu'il avait commise était en concours réel, avec d'autres, c'est-à-dire que les infractions ne sont découvertes que par la suite, on ignorait donc les condamnations antérieures, ou bien que les condamnations ne figurent pas encore au casier judiciaire.

Par la suite, le condamné se prévaut de la règle de non cumul des peines. Le procureur de la république doit résoudre le problème car c'est lui qui est chargé de faire exécuter les peines une fois prononcée. Puis, il sera avisé de la difficulté par l'intéressé ou le gardien chef de la prison. Sur ce la Cour de cassation française a tendance à présumer que le second juge connaissait la première condamnation et qui les peines ne se confondent pas, à moins que, le maximum prévu par la plus grave ne soit pas dépassée, par l'application cumulative. Au quels cas celle-ci doit être réduite en cette mesure ? Notons enfin que, le fait de figurer les infractions commises par son auteur ,dans le casier judiciaire, a pour but essentiel qu'est la matérialisation de la responsabilité sur le plan pénal.

CONCLUSION

En somme, la responsabilité pénale multiple d'un agent, dépende ou se rattache d' un côté soit au concours au cumul réel d'infractions, et de l'autre côté, au concours de qualification ou plus exactement au concours au cumul idéal d'infractions. Ce type de responsabilité est donc en fonction de la pluralité d'infractions commises, non de la pluralité agents impliqués par l'infraction. En outre, par rapport à la théorie illustrative avancée par les théoriciens pénalistes sur ces deux catégories de concours d'infractions, car contrairement au concours réel, le concours idéal d'infractions, suscite plusieurs appréciations, car si la jurisprudence elle opte pour le rejet de la double déclaration de culpabilité au sujet d'un même individu, (Crim.25 Fév. 1921, S ;1923 ,189, note Roux), d'autres courants doctrinaux, en voient autrement, car selon Roux par exemple : pour lui le concours idéal n'existerait pas, et le conflit de lois n'étant qu'apparent, ce qui veut dire que pour lui soit il n'existe qu'une seule infraction, ou bien deux ou plusieurs bien qualifiées distinctement. En d'autres termes, la poursuite sous deux qualifications différentes serait contraire au vœu de la loi, ce d'un crime unique, mais logiquement donc pour les partisans du faux concours idéal, il existe des crimes simultanés, commis par le même moyen, mais caractérisés par des intentions coupables essentiellement différentes. Dans ce cas la pluralité d'éléments moraux empêche un fait matériel unique de réaliser un concours de qualifications, ou, l'on retombe dans l'hypothèse du concours réel d'infractions. De ce fait, le concours idéal pour ces partisans de faux concours idéal n'est qu'apparent dans la pratique.

Cependant, face aux diverses interprétations sur le concours ou cumul d'infractions, que ce soit réel, ou idéal, et même si on est e présence d'une responsabilité pénale multiple, le principal soucis du législateur, en matière pénale, surtout dans le cadre de mise en jeu d'une responsabilité pénale, est essentiellement d'éviter au prévenu, ou à l'accusé, d'exécuter une peine excédant la limite du maximum légal, encourue, et ce par l'application restrictive de la règle de non-cumul des peines, en cas de concours ou cumul d'infractions.

De plus la peine a une fonction resocialisateur, et sur ce si l'on voulait réintégrer au sein de la société le plus rapide que possible un prévenu ou un accusé en tant que prisonnier, la peine ne doit pas s'étaler sur plusieurs années que la loi pénale n'impose. En pareil cas, le prononcé de la peine la plus forte évoquée par l'article 95 du code de procédure pénale Malagasy, à quand même sa raison d'être dans le fait que, la peine infligée à l'auteur d'une infraction a pour but avant tout d'intimidation, qu'et la crainte du châtiment exemplaire(les peines afflictives et infamantes telles que la réclusion, les travaux forcés à temps…), pour passer à la reforme sociale. Soulignons juste que, notre code pénal avait déjà aboli la peine de mort, en vue de faire valoir en priorité le respect des droits de l'homme

En effet, l'étude de cette responsabilité pénale multiple nous à permis donc d'élucider la distinction à faire entre pluralité d'infractions et pluralité d'agents commettant une infraction qu'est la complicité. Toujours est-il, que même si on est dans le cadre d'une responsabilité pénale multiple, le principe de responsabilité pénale personnelle s'intègre d'office dans la mise en jeu d'une responsabilité pénale même du délinquant, car un fait engage avant tout son auteur, avant de qualifier si l'infraction commise est multiple ou non .Quid, donc de la mise en jeu d'une responsabilité pénale du fait d'autrui, et des conditions de poursuite, car en pareil cas, un individu qui n'a en aucune façon participé matériellement à une infraction est jugé responsable de sa commission ?

BIBLIOGRAPHIE

Ouvrages :
-       CHRISTOPHE André, « Droit Pénal Spécial », Recueil Dalloz, 2010
-GASTON Stefani, GEORGES Levasseur, BERNARD Bouloc, « Droit Pénal Général », Recueil Dalloz.
 -GATTENO Patrice, « Droit pénal spécial », collection Dalloz, 2001
-JACQUES Borricand, ANNE-Marie Simon, « Droit pénal et procédure pénale », Aide-mémoire 3ème édition,
-JEAN Larguier, « Droit Pénal Général et Procédure Pénale »
-LINE Peillot, PASCALE Urbansky, « Droit Pénal Général »
-WILFRID   Jeandidier,   «   Droit   Pénal   Général »,   2ème   édition,   édition MONTCHRESTIEN

www.ingramcontent.com/pod-product-compliance
Lightning Source LLC
Chambersburg PA
CBHW071113220526
45467CB00004B/1845